PCC

La brève histoire de l'ascension, du règne, de l'idéologie et
des controverses du Parti communiste chinois ; Mao
Zedung, Xi Jinping et plus encore

Clause de non-responsabilité

Introduction

Le Parti communiste chinois (PCC), officiellement le Parti communiste de Chine (PCC), est le parti fondateur et l'unique parti au pouvoir de la République populaire de Chine (RPC). Sous la direction de Mao Zedong, le PCC est sorti victorieux de la guerre civile chinoise contre le Kuomintang. En 1949, Mao a proclamé la création de la République populaire de Chine. Depuis lors, le PCC gouverne la Chine et exerce un contrôle exclusif sur l'Armée populaire de libération (APL). Chaque dirigeant successif du PCC a ajouté ses propres théories à la constitution du parti, qui définit l'idéologie du parti, collectivement appelée "socialisme avec des caractéristiques chinoises". En 2022, le PCC comptait plus de 96 millions de membres, ce qui en fait le deuxième parti politique au monde en termes de nombre de membres, après le Bharatiya Janata Party de l'Inde.

En 1921, Chen Duxiu et Li Dazhao ont fondé le PCC avec l'aide du Bureau d'Extrême-Orient du Parti communiste de l'Union soviétique et du Secrétariat d'Extrême-Orient de l'Internationale communiste. Pendant les six premières années de son histoire, le PCC s'est aligné sur le

Kuomintang (KMT) en tant qu'aile gauche organisée d'un mouvement nationaliste plus large. Cependant, lorsque l'aile droite du KMT, dirigée par Chiang Kai-shek, s'est retournée contre le PCC et a massacré des dizaines de milliers de membres du parti, les deux partis se sont séparés et ont entamé une longue guerre civile. Au cours des dix années de guérilla qui ont suivi, Mao Zedong est devenu la figure la plus influente du PCC, et le parti a établi une base solide au sein de la paysannerie rurale grâce à ses politiques de réforme agraire. Le soutien au PCC n'a cessé de croître tout au long de la deuxième guerre sino-japonaise et, après la capitulation japonaise en 1945, le PCC a triomphé de la révolution communiste contre le gouvernement du KMT. Après le retrait du KMT à Taïwan, le PCC a établi la République populaire de Chine le 1er octobre 1949.

Mao Zedong est resté le membre le plus influent du PCC jusqu'à sa mort en 1976, bien qu'il se soit périodiquement retiré de la vie publique à mesure que sa santé déclinait. Sous Mao, le parti a achevé son programme de réforme agraire, a lancé une série de plans quinquennaux et s'est finalement séparé de l'Union soviétique. Bien que Mao ait tenté de purger le parti des éléments capitalistes et

3

réactionnaires pendant la révolution culturelle, après sa mort, ces politiques n'ont été que brièvement poursuivies par la Bande des Quatre avant qu'une faction moins radicale n'en prenne le contrôle. Au cours des années 1980, Deng Xiaoping a éloigné le PCC de l'orthodoxie maoïste et l'a orienté vers une politique de libéralisation économique. L'explication officielle de ces réformes est que la Chine est encore au stade primaire du socialisme, un stade de développement similaire au mode de production capitaliste. Depuis l'effondrement du bloc de l'Est et la dissolution de l'Union soviétique en 1991, le PCC a mis l'accent sur ses relations avec les partis au pouvoir des États socialistes restants et continue de participer chaque année à la réunion internationale des partis communistes et ouvriers. Le PCC a également établi des relations avec plusieurs partis non communistes, notamment les partis nationalistes dominants de nombreux pays en développement d'Afrique, d'Asie et d'Amérique latine, ainsi que les partis sociaux-démocrates d'Europe.

Le Parti communiste chinois est organisé sur la base du centralisme démocratique, un principe qui implique une discussion ouverte de la politique à condition que les membres du parti soient unis pour faire respecter la

4

décision convenue. L'organe suprême du PCC est le Congrès national, convoqué tous les cinq ans. Lorsque le congrès national n'est pas en session, le comité central est l'organe suprême, mais comme cet organe ne se réunit généralement qu'une fois par an, la plupart des fonctions et des responsabilités sont confiées au Politburo et à son comité permanent. Les membres de ce dernier sont considérés comme les principaux dirigeants du parti et de l'État. Aujourd'hui, le chef du parti occupe les postes de secrétaire général (responsable des fonctions civiles du parti), de président de la Commission militaire centrale (CMC) (responsable des affaires militaires) et de président de l'État (un poste essentiellement cérémoniel). En raison de ces fonctions, le chef du parti est considéré comme le dirigeant suprême du pays. Le dirigeant actuel est Xi Jinping, qui a été élu lors du 18e congrès national qui s'est tenu du 8 au 15 novembre 2012 et qui a conservé son poste lors du 19e congrès national en 2017 et du 20e congrès national en 2022.

Table des matières

Histoire du PCC

Fondation et début de l'histoire

Le PCC trouve ses origines dans le mouvement du 4 mai de 1919, au cours duquel des idéologies occidentales radicales telles que le marxisme et l'anarchisme ont gagné du terrain parmi les intellectuels chinois. D'autres influences issues de la révolution bolchevique et de la théorie marxiste ont inspiré le PCC. Chen Duxiu et Li Dazhao ont été parmi les premiers à soutenir publiquement le léninisme et la révolution mondiale. Tous deux considéraient la révolution d'octobre en Russie comme révolutionnaire, estimant qu'elle annonçait une nouvelle ère pour les pays opprimés du monde entier. Les cercles d'études étaient, selon Cai Hesen, "les rudiments [de notre parti]". Plusieurs cercles d'études ont été créés pendant le mouvement de la nouvelle culture, mais en 1920, beaucoup sont devenus sceptiques quant à leur capacité à mener des réformes.

Le PCC a été fondé le 1er juillet 1921 avec l'aide du Bureau d'Extrême-Orient du Parti communiste de l'Union soviétique et du Secrétariat d'Extrême-Orient de l'Internationale communiste, selon le récit officiel de l'histoire du parti. Cependant, les documents du parti suggèrent que la date réelle de fondation du parti était le 23 juillet 1921, le premier jour du premier congrès national du PCC. Le congrès national fondateur du PCC s'est tenu du 23 au 31 juillet 1921. Avec seulement 50 membres au début de l'année 1921, dont Chen Duxiu, Li Dazhao et Mao Zedong, l'organisation et les autorités du PCC se sont considérablement développées. Alors qu'il se tenait à l'origine dans une maison de la concession française de Shanghai, la police française a interrompu la réunion le 30 juillet et le congrès a été déplacé dans un bateau de tourisme sur le lac Sud à Jiaxing, dans la province du Zhejiang. Une douzaine de délégués assistent au congrès, mais ni Li ni Chen ne peuvent s'y rendre, ce dernier envoyant un représentant personnel à sa place. Les résolutions du congrès appellent à la création d'un parti communiste en tant que branche de l'Internationale communiste (Comintern) et élisent Chen à sa tête. Chen a ensuite été le premier secrétaire général du parti communiste et a été surnommé le "Lénine chinois".

Les Soviétiques espéraient encourager les forces pro-soviétiques en Asie de l'Est à lutter contre les pays anticommunistes, en particulier le Japon. Ils tentent d'entrer en contact avec le seigneur de guerre Wu Peifu, mais n'y parviennent pas. Les Soviétiques ont alors contacté le Kuomintang (KMT), qui dirigeait le gouvernement de Guangzhou parallèlement à celui de Beiyang. Le 6 octobre 1923, la Comintern envoie Mikhaïl Borodine à Guangzhou et les Soviétiques établissent des relations amicales avec le KMT. Le Comité central du PCC, le dirigeant soviétique Joseph Staline et le Comintern espèrent tous que le PCC finira par contrôler le KMT et qualifient leurs opposants de "droitiers". Le dirigeant du KMT, Sun Yat-sen, a apaisé le conflit entre les communistes et leurs opposants. Le nombre de membres du PCC a considérablement augmenté après le 4e congrès de 1925, passant de 900 à 2 428. Le PCC considère toujours Sun Yat-sen comme l'un des fondateurs de son mouvement et revendique sa filiation, car il est considéré comme un proto-communiste et l'élément économique de l'idéologie de Sun était le socialisme. Sun a déclaré : "Notre principe de subsistance est une forme de communisme".

Les communistes dominaient l'aile gauche du KMT et luttaient pour le pouvoir avec les factions de droite du parti.

À la mort de Sun Yat-sen en mars 1925, un droitier, Chiang Kai-shek, lui succède et entreprend de marginaliser la position des communistes. Chiang, l'ancien assistant de Sun, n'était pas activement anticommuniste à l'époque, même s'il détestait la théorie de la lutte des classes et la prise de pouvoir du PCC. Les communistes proposent de retirer le pouvoir à Chiang. Lorsque Chiang a progressivement obtenu le soutien des pays occidentaux, le conflit entre lui et les communistes est devenu de plus en plus intense. Chiang a demandé au Kuomintang de rejoindre le Comintern pour exclure l'expansion secrète des communistes au sein du KMT, tandis que Chen Duxiu espérait que les communistes se retireraient complètement du KMT.

En avril 1927, Chiang et le PCC se préparent tous deux au conflit. Fort du succès de l'expédition du Nord visant à renverser les seigneurs de la guerre, Chiang Kai-shek s'en prend aux communistes, qui se comptent désormais par dizaines de milliers dans toute la Chine. Ignorant les ordres du gouvernement KMT basé à Wuhan, il marche sur Shanghai, ville contrôlée par les milices communistes. Bien que les communistes aient accueilli favorablement l'arrivée de Chiang, celui-ci s'est retourné contre eux,

11

massacrant 5 000 personnes avec l'aide de la Bande
Verte. L'armée de Tchang marche ensuite sur Wuhan,
mais le général Ye Ting du PCC et ses troupes
l'empêchent de prendre la ville. Les alliés de Tchang s'en
prennent également aux communistes. Ainsi, à Pékin, Li
Dazhao et 19 autres communistes importants sont
exécutés par Zhang Zuolin. Furieux de ces événements, le
mouvement paysan soutenu par le PCC est devenu plus
violent. Ye Dehui, un célèbre érudit, a été tué par des
communistes à Changsha et, pour se venger, le général
du KMT He Jian et ses troupes ont abattu des centaines
de miliciens paysans. En mai, des dizaines de milliers de
communistes et de sympathisants ont été tués par les
troupes du KMT, et le PCC a perdu environ 15 000 de ses
25 000 membres.

Guerre civile chinoise et deuxième guerre sino-japonaise

Le PCC a continué à soutenir le gouvernement KMT de
Wuhan, mais le 15 juillet 1927, le gouvernement de
Wuhan a expulsé tous les communistes du KMT. Le PCC
réagit en créant l'Armée rouge des ouvriers et des paysans
de Chine, mieux connue sous le nom d'"Armée rouge",

pour combattre le KMT. Un bataillon dirigé par le général Zhu De a reçu l'ordre de prendre la ville de Nanchang le 1er août 1927 dans ce qui est devenu le soulèvement de Nanchang. Après un premier succès, Zhu et ses troupes ont été contraints de battre en retraite au bout de cinq jours, marchant vers le sud jusqu'à Shantou, d'où ils ont été repoussés dans les régions sauvages du Fujian. Mao Zedong est nommé commandant en chef de l'Armée rouge et dirige quatre régiments contre Changsha lors du soulèvement des moissons d'automne, dans l'espoir de déclencher des soulèvements paysans dans tout le Hunan. Son plan consistait à attaquer la ville tenue par le KMT depuis trois directions le 9 septembre, mais le quatrième régiment a déserté pour la cause du KMT et a attaqué le troisième régiment. L'armée de Mao atteint Changsha mais ne peut la prendre ; le 15 septembre, il accepte la défaite et les 1 000 survivants marchent vers l'est jusqu'aux montagnes de Jinggang, dans le Jiangxi.

La quasi-destruction de l'appareil organisationnel urbain du PCC a entraîné des changements institutionnels au sein du parti. Le parti a adopté le centralisme démocratique, un mode d'organisation des partis révolutionnaires, et a créé un politburo qui fonctionne comme le comité permanent du comité central. Il en résulta une centralisation accrue du pouvoir au sein du parti. À tous les niveaux du parti, ce système a été reproduit, les comités permanents exerçant désormais un contrôle effectif. Après avoir été exclu du parti, Chen Duxiu a pris la tête du mouvement trotskiste chinois. Li Lisan parvient à prendre le contrôle de *facto* de l'organisation du parti en 1929-1930. La direction de Li fut un échec, laissant le PCC au bord de la destruction. Le Comintern s'en mêla et, à la fin de l'année 1930, ses pouvoirs lui furent retirés. En 1935, Mao est devenu membre du comité permanent du Politburo du PCC et chef militaire informel du parti, Zhou Enlai et Zhang Wentian, le chef officiel du parti, étant ses adjoints informels. Le conflit avec le KMT a conduit à la réorganisation de l'Armée rouge, le pouvoir étant désormais centralisé au niveau de la direction par la création de départements politiques du PCC chargés de superviser l'armée.

L'incident de Xian, en décembre 1936, marque une pause dans le conflit entre le PCC et le KMT. Sous la pression du maréchal Zhang Xueliang et du PCC, Chiang Kai-shek accepte finalement la création d'un second front uni destiné à repousser les envahisseurs japonais. Bien que ce front ait existé officiellement jusqu'en 1945, toute collaboration entre les deux partis avait déjà pris fin en 1940. Malgré leur alliance formelle, le PCC a profité de l'occasion pour s'étendre et se créer des bases d'opérations indépendantes afin de se préparer à la guerre à venir avec le KMT. En 1939, le KMT a commencé à restreindre l'expansion du PCC en Chine. Il en résulte de fréquents affrontements entre les forces du PCC et celles du KMT, qui s'apaisent rapidement lorsque les deux parties se rendent compte qu'une guerre civile dans un contexte d'invasion étrangère n'est pas envisageable. En 1943, le PCC a recommencé à étendre activement son territoire aux dépens du KMT.

Mao Zedong est devenu président du PCC en 1945. Après la capitulation du Japon en 1945, la guerre entre le PCC et le KMT a repris de plus belle. La période 1945-1949 s'est déroulée en quatre étapes, la première allant d'août 1945 (date de la capitulation japonaise) à juin 1946 (date de la fin des pourparlers de paix entre le PCC et le KMT). En 1945, le KMT avait sous ses ordres trois fois plus de soldats que le PCC et semblait initialement l'emporter. Avec la coopération des États-Unis et du Japon, le KMT a pu reprendre la majeure partie du pays. Toutefois, le KMT s'est avéré impopulaire sur les territoires reconquis en

15

raison de sa corruption politique endémique. Malgré sa supériorité numérique, le KMT n'a pas réussi à reconquérir les territoires ruraux qui constituaient le bastion du PCC. À peu près au même moment, le PCC lance une invasion de la Mandchourie, où il est aidé par l'Union soviétique. La deuxième phase, qui s'étend de juillet 1946 à juin 1947, voit le KMT étendre son contrôle sur les grandes villes comme Yan'an, siège du PCC, pendant une grande partie de la guerre. Le PCC s'était tactiquement retiré des villes et y avait sapé le pouvoir du KMT en provoquant des manifestations d'étudiants et d'intellectuels. Le KMT a répondu à ces manifestations par une répression musclée. Entre-temps, le KMT était aux prises avec des luttes intestines entre factions et le contrôle autocratique de Chiang Kai-shek sur le parti, ce qui affaiblissait sa capacité à répondre aux attaques. La troisième phase, qui s'étend de juillet 1947 à août 1948, est marquée par une contre-offensive limitée du PCC. L'objectif était de nettoyer "la Chine centrale, de renforcer la Chine du Nord et de récupérer la Chine du Nord-Est". Cette opération, associée à des désertions militaires du KMT, a permis à ce dernier de perdre 2 millions de ses 3 millions de soldats au printemps 1948, et a entraîné une baisse significative du soutien au régime du KMT. Le PCC a donc été en mesure de couper les garnisons du KMT en Mandchourie et de reprendre plusieurs territoires. La dernière phase, qui s'étend de septembre 1948 à décembre 1949, voit les communistes passer à l'offensive et l'effondrement du régime du KMT dans l'ensemble de la Chine continentale. La proclamation par Mao de la fondation de la République populaire de Chine le 1er octobre 1949 marque la fin de la deuxième phase de la guerre civile chinoise (ou de la révolution communiste chinoise, comme l'appelle le PCC).

La proclamation de la RPC et les années 1950

Mao proclame la fondation de la République populaire de Chine (RPC) devant une foule massive sur la place Tiananmen le 1er octobre 1949. Le PCC dirigeait le gouvernement populaire central. Depuis cette époque et jusque dans les années 1980, les principaux dirigeants du PCC (tels que Mao Zedong, Lin Biao, Zhou Enlai et Deng Xiaoping) étaient en grande partie les mêmes chefs militaires qu'avant la fondation de la RPC. Par conséquent, les liens personnels informels entre les dirigeants politiques et militaires ont dominé les relations entre civils et militaires.

Staline a proposé une constitution à parti unique lors de la visite de Liu Shaoqi en Union soviétique en 1952. La Constitution de la RPC de 1954 a ensuite aboli le précédent gouvernement de coalition et établi le système de parti unique du PCC. Lors du 8e congrès du PCC en 1956, Mao a déclaré que la Chine devrait mettre en place un système multipartite sous la direction du PCC. Il n'avait jamais fait une telle proposition auparavant, mais le PCC a conservé l'essentiel de son pouvoir politique même après cette annonce. En 1957, le PCC a lancé la campagne antidroitière contre les dissidents politiques et les personnalités des partis mineurs, qui a entraîné la persécution politique d'au moins 550 000 personnes. Cette campagne a porté un coup considérable au caractère pluraliste limité de la république socialiste et a consolidé le statut du pays en tant qu'État à parti unique de *facto*.

La campagne antidroitière a conduit aux résultats catastrophiques du deuxième plan quinquennal de 1958 à 1962, connu sous le nom de "Grand bond en avant". Afin de transformer le pays d'une économie agraire en une économie industrialisée, le PCC a collectivisé les terres agricoles, formé des communes populaires et réorienté la main-d'œuvre vers les usines. La mauvaise gestion

18

générale et les exagérations des récoltes par les fonctionnaires du PCC ont conduit à la Grande famine chinoise, qui a fait entre 15 et 45 millions de morts, ce qui en fait la plus grande famine de l'histoire.

Division sino-soviétique et révolution culturelle

Au cours des années 1960 et 1970, le PCC a connu une séparation idéologique significative avec le Parti communiste de l'Union soviétique, qui traversait une période de "déstalinisation" sous la direction de Nikita Khrouchtchev. À cette époque, Mao avait commencé à dire que la "poursuite de la révolution sous la dictature du prolétariat" signifiait que les ennemis de classe continuaient d'exister même si la révolution socialiste semblait achevée, ce qui a conduit à la révolution culturelle au cours de laquelle des millions de personnes ont été persécutées et tuées. Pendant la révolution culturelle, des dirigeants du parti tels que Liu Shaoqi, Deng Xiaoping, Peng Dehuai et He Long ont été purgés ou exilés, et la Bande des Quatre, dirigée par Jiang Qing, l'épouse de Mao, a émergé pour combler le vide laissé par le pouvoir.

Les réformes sous Deng Xiaoping

19

Après la mort de Mao en 1976, une lutte de pouvoir s'est engagée entre Hua Guofeng, président du PCC, et Deng Xiaoping, vice-président. Deng remporte la lutte et devient le principal dirigeant de la Chine en 1978. Aux côtés de Hu Yaobang et de Zhao Ziyang, Deng a mené les politiques de "réforme et d'ouverture" et a introduit le concept idéologique du socialisme aux caractéristiques chinoises, ouvrant la Chine aux marchés mondiaux. Renversant certaines des politiques "gauchistes" de Mao, Deng a soutenu qu'un État socialiste pouvait utiliser l'économie de marché sans être lui-même capitaliste. Tout en affirmant le pouvoir politique du PCC, le changement de politique a généré une croissance économique significative. Il se justifie par le fait que "la pratique est le seul critère de la vérité", un principe renforcé par un article de 1978 visant à combattre le dogmatisme et critiquant la politique des "deux poids, deux mesures". La nouvelle idéologie a cependant été contestée de part et d'autre du spectre, par les maoïstes situés à la gauche de la direction du PCC, ainsi que par les partisans de la libéralisation politique. Avec d'autres facteurs sociaux, les conflits ont culminé avec les manifestations et le massacre de la place Tiananmen en 1989. Après l'écrasement des manifestations et l'assignation à résidence du secrétaire

20

général du parti réformateur, Zhao Ziyang, les politiques économiques de Deng ont repris et, au début des années 1990, le concept d'économie de marché socialiste a été introduit. En 1997, les convictions de Deng (officiellement appelées "théorie de Deng Xiaoping") ont été intégrées dans la constitution du PCC.

De nouvelles réformes sous Jiang Zemin et Hu Jintao

Le secrétaire général du PCC, Jiang Zemin, a succédé à Deng en tant que dirigeant suprême dans les années 1990 et a poursuivi la plupart de ses politiques. Dans les années 1990, le PCC est passé d'une direction révolutionnaire expérimentée qui dirigeait à la fois militairement et politiquement, à une élite politique de plus en plus renouvelée selon des normes institutionnalisées dans la bureaucratie civile. Les dirigeants ont été largement sélectionnés sur la base de règles et de normes relatives à la promotion et à la retraite, au niveau d'éducation et à l'expertise technique et managériale. Il existe un groupe largement distinct d'officiers militaires professionnalisés, qui servent sous la direction du PCC, essentiellement par le biais de relations formelles au sein des canaux institutionnels.

Dans le cadre de l'héritage nominal de Jiang Zemin, le PCC a ratifié les "trois représentants" pour la révision de la constitution du parti en 2003, en tant qu'"idéologie directrice" pour encourager le parti à représenter "les forces productives avancées, le cours progressif de la culture chinoise et les intérêts fondamentaux du peuple". Cette théorie a légitimé l'entrée de propriétaires d'entreprises privées et d'éléments bourgeois dans le parti. Hu Jintao, le successeur de Jiang Zemin au poste de secrétaire général, a pris ses fonctions en 2002. Contrairement à Mao, Deng et Jiang Zemin, Hu a mis l'accent sur la direction collective et s'est opposé à la domination du système politique par un seul homme. L'insistance sur la croissance économique a conduit à un large éventail de problèmes sociaux graves. Pour y remédier, Hu a introduit deux concepts idéologiques principaux : la "perspective scientifique du développement" et la "société socialiste harmonieuse". Hu a démissionné de son poste de secrétaire général du PCC et de président de la CMC lors du 18e congrès national qui s'est tenu en 2012, et Xi Jinping lui a succédé à ces deux postes.

Le leadership de Xi Jinping

Depuis son arrivée au pouvoir, M. Xi a lancé une vaste campagne de lutte contre la corruption, tout en centralisant les pouvoirs au sein du bureau du secrétaire général du PCC, au détriment de la direction collective des décennies précédentes. Les commentateurs ont décrit la campagne comme un élément déterminant du leadership de Xi et comme "la principale raison pour laquelle il a pu consolider son pouvoir si rapidement et si efficacement". Des commentateurs étrangers l'ont comparé à Mao. Le leadership de Xi a également permis d'accroître le rôle du Parti en Chine. Xi a ajouté son idéologie, qui porte son nom, à la constitution du PCC en 2017. Comme on l'a supposé, Xi Jinping ne s'est pas retiré de ses fonctions dirigeantes après 10 ans de service en 2022.

Depuis 2014, le PCC a mené des actions au Xinjiang qui impliquent la détention de plus d'un million de Ouïghours et d'autres minorités ethniques dans des camps d'internement, ainsi que d'autres mesures répressives. Ces mesures ont été qualifiées de génocide par des universitaires et certains gouvernements. En revanche, un plus grand nombre de pays ont signé une lettre adressée au Conseil des droits de l'homme, soutenant ces politiques dans le cadre de la lutte contre le terrorisme dans la région.

Les célébrations du 100e anniversaire de la fondation du PCC, l'un des deux centenaires, ont eu lieu le 1er juillet 2021.

Le 6 juillet 2021, M. Xi a présidé le sommet du Parti communiste chinois et des partis politiques mondiaux, auquel ont participé des représentants de 500 partis politiques de 160 pays. M. Xi a exhorté les participants à s'opposer aux "blocages technologiques" et au "découplage du développement" afin d'œuvrer à la "construction d'une communauté avec un avenir commun pour l'humanité".

Idéologie du PCC

Idéologie formelle

L'idéologie fondamentale du parti a évolué avec chaque génération distincte de dirigeants chinois. Comme le PCC et l'Armée populaire de libération promeuvent leurs membres en fonction de leur ancienneté, il est possible de discerner des générations distinctes de dirigeants chinois. Dans le discours officiel, chaque groupe de dirigeants est identifié à une extension distincte de l'idéologie du parti. Les historiens ont étudié les différentes périodes du développement du gouvernement de la République populaire de Chine en se référant à ces "générations".

Le marxisme-léninisme est la première idéologie officielle du PCC. Selon le PCC, "le marxisme-léninisme révèle les lois universelles qui régissent le développement de l'histoire de la société humaine". Pour le PCC, le marxisme-léninisme fournit une "vision des contradictions de la société capitaliste et de l'inévitabilité d'une future société socialiste et communiste". Selon le *Quotidien du Peuple*, la Pensée Mao Zedong "est le marxisme-léninisme appliqué et développé en Chine". La Pensée

Mao Zedong a été conçue non seulement par Mao Zedong, mais aussi par les principaux responsables du parti.

La théorie de Deng Xiaoping a été ajoutée à la constitution du parti lors du 14e congrès national en 1992. Les concepts de "socialisme aux caractéristiques chinoises" et de "stade primaire du socialisme" ont été attribués à cette théorie. La théorie de Deng Xiaoping peut être définie comme la conviction que le socialisme d'État et la planification d'État ne sont pas, par définition, communistes, et que les mécanismes du marché sont neutres vis-à-vis des classes. En outre, le parti doit réagir de manière dynamique à l'évolution de la situation ; pour savoir si une certaine politique est obsolète ou non, le parti doit "rechercher la vérité à partir des faits" et suivre le slogan "la pratique est le seul critère de vérité". Lors du 14e congrès national, Jiang a réitéré le mantra de Deng selon lequel il était inutile de se demander si une politique était socialiste ou capitaliste, puisque l'important était de savoir si elle fonctionnait.

Les "Trois Représentations", la contribution de Jiang Zemin à l'idéologie du parti, ont été adoptées par le parti lors du 16e Congrès national. Les Trois Représentations définissent le rôle du PCC et soulignent que le Parti doit toujours représenter les exigences du développement des forces productives avancées de la Chine, l'orientation de la culture avancée de la Chine et les intérêts fondamentaux de l'écrasante majorité du peuple chinois". Certains segments du PCC ont critiqué les Trois Représentations en les qualifiant de non-marxistes et de trahison des valeurs marxistes fondamentales. Les partisans des Trois Représentations les considèrent comme un nouveau développement du socialisme avec des caractéristiques chinoises. Jiang n'était pas d'accord et avait conclu que la réalisation du mode de production communiste, tel que formulé par les premiers communistes, était plus complexe qu'on ne le pensait et qu'il était inutile d'essayer de forcer un changement dans le mode de production, puisqu'il devait se développer naturellement, en suivant les lois économiques de l'histoire. La théorie est surtout connue pour avoir permis aux capitalistes, officiellement appelés "nouvelles couches sociales", d'adhérer au parti au motif qu'ils s'engageaient dans un "travail honnête" et qu'ils contribuaient, par leur travail, à "construire le socialisme avec des caractéristiques chinoises".

En 2003, la troisième session plénière du 16e comité central a conçu et formulé l'idéologie des perspectives scientifiques de développement (PSD). Elle est considérée comme la contribution de Hu Jintao au discours idéologique officiel. La PDS intègre le socialisme scientifique, le développement durable, le bien-être social, une société humaniste, une démocratie accrue et, en fin de compte, la création d'une société socialiste harmonieuse. Selon les déclarations officielles du PCC, le concept intègre "le marxisme à la réalité de la Chine contemporaine et aux caractéristiques sous-jacentes de notre époque, et il incarne pleinement la vision marxiste du monde et la méthodologie du développement".

La Pensée Xi Jinping sur le socialisme aux caractéristiques chinoises pour une nouvelle ère, communément appelée Pensée Xi Jinping, a été ajoutée à la constitution du parti lors du 19e Congrès national en 2017. Xi lui-même a décrit cette pensée comme faisant partie du cadre général créé autour du socialisme aux caractéristiques chinoises. Dans la documentation officielle du parti et les déclarations des collègues de M. Xi, la Pensée est présentée comme une continuation des idéologies précédentes du parti dans le cadre d'une série

29

d'idéologies directrices qui incarnent le "marxisme adapté aux conditions chinoises" et aux considérations contemporaines.

Le parti combine des éléments du patriotisme socialiste et du nationalisme chinois.

Économie

Deng ne pensait pas que la différence fondamentale entre le mode de production capitaliste et le mode de production socialiste était la planification centrale par rapport aux marchés libres. Il a déclaré : "Une économie planifiée n'est pas la définition du socialisme, parce qu'il y a une planification sous le capitalisme ; l'économie de marché existe aussi sous le socialisme. La planification et les forces du marché sont deux moyens de contrôler l'activité économique". Jiang Zemin a soutenu la pensée de Deng et a déclaré lors d'une réunion du parti qu'il importait peu qu'un certain mécanisme soit capitaliste ou socialiste, car la seule chose qui comptait était de savoir s'il fonctionnait. C'est lors de ce rassemblement que Jiang Zemin a introduit le terme d'économie socialiste de marché, qui a remplacé l'expression "économie socialiste de marché planifiée" de Chen Yun. Dans son rapport au 14e congrès national, Jiang Zemin a déclaré aux délégués que l'État socialiste "laisserait les forces du marché jouer un rôle fondamental dans l'allocation des ressources". Lors du 15e congrès national, la ligne du parti a été modifiée pour "faire en sorte que les forces du marché jouent davantage leur rôle dans l'allocation des ressources" ; cette ligne a été maintenue jusqu'à la 3e session plénière du 18e comité central, où elle a été modifiée pour "faire en sorte que les forces du marché jouent un rôle *décisif* dans l'allocation des ressources". Malgré cela, la troisième session plénière du 18e comité central a maintenu le credo "Maintenir la domination du secteur public et renforcer la vitalité économique de l'économie d'État".

Le PCC considère que le monde est organisé en deux camps opposés : les socialistes et les capitalistes. Il insiste sur le fait que le socialisme, sur la base du matérialisme historique, finira par triompher du capitalisme. Ces dernières années, lorsqu'on lui a demandé d'expliquer la mondialisation capitaliste en cours, le parti est revenu aux écrits de Karl Marx. Tout en admettant que la mondialisation s'est développée à travers le système capitaliste, les dirigeants et les théoriciens du parti

soutiennent que la mondialisation n'est pas
intrinsèquement capitaliste. En effet, si la mondialisation
était purement capitaliste, elle exclurait une forme
alternative socialiste de modernité. La mondialisation,
comme l'économie de marché, n'a donc pas un caractère
de classe spécifique (ni socialiste, ni capitaliste) selon le
parti. L'insistance sur le fait que la mondialisation n'est pas
figée dans sa nature vient de l'insistance de Deng sur le
fait que la Chine peut poursuivre sa modernisation
socialiste en incorporant des éléments de capitalisme.
C'est pourquoi le PCC fait preuve d'un optimisme
considérable : malgré la domination capitaliste actuelle de
la mondialisation, celle-ci peut être transformée en un
véhicule soutenant le socialisme.

Analyse et critique du PCC

Si les analystes étrangers s'accordent généralement à dire que le PCC a rejeté le marxisme-léninisme orthodoxe et la pensée de Mao Zedong (ou du moins les idées fondamentales de la pensée orthodoxe), le PCC lui-même n'est pas d'accord. Les détracteurs du PCC affirment que Jiang Zemin a mis fin à l'engagement formel du parti envers le marxisme-léninisme avec l'introduction de la théorie idéologique des trois représentants. Cependant, le théoricien du parti Leng Rong n'est pas d'accord, affirmant que "le président Jiang a débarrassé le parti des obstacles idéologiques aux différents types de propriété [...]. Il n'a pas abandonné le marxisme ou le socialisme. Il a renforcé le Parti en apportant une compréhension moderne du marxisme et du socialisme - c'est pourquoi nous parlons d'une 'économie socialiste de marché' avec des caractéristiques chinoises". La réalisation d'un véritable "communisme" est toujours décrite comme le "but ultime" du PCC et de la Chine. Alors que le PCC affirme que la Chine se trouve au stade primaire du socialisme, les théoriciens du parti affirment que le stade de développement actuel "ressemble beaucoup au capitalisme". Par ailleurs, certains théoriciens du parti

33

affirment que "le capitalisme est la première étape du communisme". Certains ont rejeté le concept d'un stade primaire du socialisme en le qualifiant de cynisme intellectuel. Par exemple, Robert Lawrence Kuhn, ancien conseiller étranger du gouvernement chinois, a déclaré : "Lorsque j'ai entendu ce raisonnement pour la première fois, je me suis rendu compte qu'il n'y avait pas d'autre solution : "Lorsque j'ai entendu ce raisonnement pour la première fois, je l'ai trouvé plus comique qu'intelligent - une caricature ironique des propagandistes de pacotille divulgués par des cyniques intellectuels. Mais l'horizon de 100 ans vient de théoriciens politiques sérieux".

Le politologue et sinologue américain David Shambaugh affirme qu'avant la campagne "La pratique est le seul critère de vérité", la relation entre l'idéologie et la prise de décision était déductive, ce qui signifie que la prise de décision découlait de la connaissance idéologique. Cependant, sous la direction de Deng, cette relation a été renversée, la prise de décision justifiant l'idéologie. Les décideurs chinois ont décrit l'idéologie d'État de l'Union soviétique comme "rigide, sans imagination, ossifiée et déconnectée de la réalité", estimant que c'était l'une des raisons de la dissolution de l'Union soviétique. C'est pourquoi, selon Shambaugh, les décideurs chinois estiment que l'idéologie de leur parti doit être dynamique pour sauvegarder le pouvoir du parti.

Le sinologue britannique Kerry Brown affirme que le PCC n'a pas d'idéologie et que l'organisation du parti est pragmatique et ne s'intéresse qu'à ce qui fonctionne. Le parti lui-même s'oppose à cette affirmation. Hu Jintao a déclaré en 2012 que le monde occidental "menace de nous diviser" et que "la culture internationale de l'Occident est forte alors que nous sommes faibles [...]. Les domaines idéologiques et culturels sont nos principales cibles". C'est pourquoi le PCC consacre beaucoup d'efforts aux écoles du parti et à l'élaboration de son message idéologique.

Gouvernance de la PCC

Leadership collectif

La direction collective, c'est-à-dire l'idée que les décisions sont prises par consensus, est l'idéal du PCC. L'origine de ce concept remonte à Lénine et au parti bolchevique russe. Au niveau de la direction centrale du parti, cela signifie, par exemple, que tous les membres du comité permanent du Politburo sont égaux (chaque membre ne dispose que d'une seule voix). Un membre du comité permanent du Politburo représente souvent un secteur ; sous le règne de Mao, il contrôlait l'Armée populaire de libération, Kang Sheng, l'appareil de sécurité, et Zhou Enlai, le Conseil d'État et le ministère des affaires étrangères. Il s'agit là d'un pouvoir informel. Malgré cela, dans une relation paradoxale, les membres d'un organe sont classés hiérarchiquement (bien que les membres soient en théorie égaux les uns aux autres). De manière informelle, la direction collective est dirigée par un "noyau dirigeant", c'est-à-dire le dirigeant suprême, la personne qui cumule les fonctions de secrétaire général du PCC, de président de la CMC et de président de la RPC. Avant le mandat de Jiang Zemin en tant que dirigeant suprême, le noyau du parti et la direction collective étaient indissociables. Dans la pratique, le noyau n'était pas responsable devant la direction collective. Toutefois, à l'époque de Jiang, le parti avait commencé à propager un système de responsabilité, le désignant dans les déclarations officielles comme le "noyau de la direction collective".

Le centralisme démocratique

Le principe organisationnel du PCC est le centralisme démocratique, un principe qui implique une discussion ouverte de la politique à condition que les membres du parti soient unis dans le respect de la décision convenue. Il repose sur deux principes : la démocratie (synonyme, dans le discours officiel, de "démocratie socialiste" et de "démocratie interne au parti") et le centralisme. Il s'agit du principe organisationnel directeur du parti depuis le 5e congrès national, qui s'est tenu en 1927. Selon les termes de la constitution du parti, "le parti est un organe intégral organisé selon son programme et sa constitution et sur la base du centralisme démocratique". Mao a plaisanté un jour en disant que le centralisme démocratique était "à la fois démocratique et centralisé, les deux opposés apparents de la démocratie et de la centralisation étant réunis sous une forme définie". Mao affirmait que la supériorité du centralisme démocratique résidait dans ses contradictions internes, entre démocratie et centralisme, et entre liberté et discipline. Actuellement, le PCC affirme que "la démocratie est la ligne de vie du Parti, la ligne de vie du socialisme". Mais pour que la démocratie soit mise en œuvre et fonctionne correctement, il faut qu'il y ait centralisation. L'objectif du centralisme démocratique n'était pas d'effacer le capitalisme ou ses politiques, mais plutôt de réguler le capitalisme tout en impliquant le socialisme et la démocratie. Le PCC affirme que la démocratie, sous quelque forme que ce soit, a besoin du centralisme, car sans centralisme, il n'y a pas d'ordre.

Shuanggui

Le *shuanggui* est une procédure disciplinaire interne au parti menée par la Commission centrale d'inspection de la discipline (CCDI). Cette institution de contrôle interne formellement indépendante conduit le *shuanggui* sur les membres accusés de "violations disciplinaires", une accusation qui fait généralement référence à la corruption politique. Ce processus, qui se traduit littéralement par une "double réglementation", vise à obtenir des aveux des membres accusés d'avoir violé les règles du parti. Selon la Fondation Dui Hua, des tactiques telles que les brûlures de cigarettes, les coups et les simulations de noyade sont utilisées pour obtenir des aveux. D'autres techniques ont été signalées, notamment l'utilisation d'hallucinations induites, une personne soumise à cette méthode ayant déclaré : "À la fin, j'étais tellement épuisé que j'ai accepté toutes les accusations portées contre moi, même si elles étaient fausses".

Front uni

Le PCC utilise une stratégie politique appelée "front uni" qui implique des groupes et des individus clés influencés ou contrôlés par le PCC et utilisés pour promouvoir ses intérêts. Le travail de front uni est géré principalement, mais pas exclusivement, par le Département du travail de front uni (UFWD). Le front uni est historiquement un front populaire qui comprend huit partis politiques légalement autorisés ainsi que d'autres organisations populaires qui ont une représentation nominale au Congrès national du peuple et à la Conférence consultative politique du peuple chinois (CCPPC). Cependant, la CCPPC est un organe sans pouvoir réel. Si des consultations ont lieu, elles sont supervisées et dirigées par le PCC. Sous Xi Jinping, le front uni et ses cibles d'influence ont pris de l'ampleur.

Organisation du PCC

Organisation centrale

Le congrès national est l'organe suprême du parti et, depuis le 9e congrès national en 1969, il est convoqué tous les cinq ans (avant le 9e congrès, il était convoqué de manière irrégulière). Selon les statuts du parti, un congrès ne peut être reporté que "dans des circonstances extraordinaires". Les statuts du parti confèrent au congrès national six responsabilités :

1. l'élection du Comité central ;
2. l'élection de la Commission centrale d'inspection de la discipline (CCDI) ;
3. examiner le rapport du Comité central sortant ;
4. examiner le rapport du CCDI sortant ;
5. discuter et mettre en œuvre les politiques du parti ; et,
6. la révision des statuts du parti.

Dans la pratique, les délégués discutent rarement des questions en profondeur lors des congrès nationaux. La plupart des discussions de fond ont lieu avant le congrès, pendant la période de préparation, au sein d'un groupe de hauts dirigeants du parti. Entre les congrès nationaux, le comité central est l'institution décisionnelle la plus élevée. Le CCDI est chargé de superviser le système interne de lutte contre la corruption et d'éthique du parti. Entre deux congrès, le CCDI est placé sous l'autorité du Comité central.

Le Comité central, en tant que plus haute institution décisionnelle du parti entre les congrès nationaux, élit plusieurs organes pour mener à bien son travail. La première session plénière d'un comité central nouvellement élu élit le secrétaire général du comité central, le chef du parti, la Commission militaire centrale (CMC), le Politburo, le Comité permanent du Politburo (PSC) et, depuis 2013, la Commission centrale de sécurité nationale (CNSC). Le premier plénum approuve également la composition du secrétariat et la direction du CCDI. Selon les statuts du parti, le secrétaire général doit être membre du Comité permanent du Politburo (CPS) et est responsable de la convocation des réunions du CPS et du Politburo, tout en présidant les travaux du Secrétariat. Le Politburo "exerce les fonctions et les pouvoirs du Comité central lorsqu'un plénum n'est pas en session". Le COPS est la plus haute institution décisionnelle du parti lorsque le

Politburo, le Comité central et le Congrès national ne sont pas en session. Il se réunit au moins une fois par semaine. Il a été créé lors du 8e Congrès national, en 1958, pour reprendre le rôle d'élaboration des politiques précédemment assumé par le Secrétariat. Le Secrétariat est l'organe d'exécution supérieur du Comité central et peut prendre des décisions dans le cadre politique établi par le Politburo. Il est également chargé de superviser le travail des organisations qui dépendent directement du Comité central, par exemple les départements, les commissions, les publications, etc. La CMC est la plus haute institution de décision en matière d'affaires militaires au sein du Parti et contrôle les opérations de l'Armée populaire de libération. Depuis Jiang Zemin, le secrétaire général est également président de la CMC. Contrairement à l'idéal de direction collective des autres organes du parti, le président de la CMC agit en tant que commandant en chef et a toute autorité pour nommer ou révoquer les hauts gradés de l'armée à sa guise. La CCSN "coordonne les stratégies de sécurité des différents départements, y compris les services de renseignement, l'armée, les affaires étrangères et la police, afin de faire face aux défis croissants pour la stabilité à l'intérieur du pays et à l'étranger". Le secrétaire général est le président de la CCSN.

Un premier plénum du Comité central élit également les chefs de départements, de bureaux, de groupes directeurs centraux et d'autres institutions chargés de poursuivre ses travaux pendant un mandat (un "mandat" étant la période qui s'écoule entre les congrès nationaux, généralement cinq ans). Le Bureau général est le "centre névralgique" du parti, chargé du travail administratif quotidien, notamment des communications, du protocole et de l'établissement de l'ordre du jour des réunions. Le PCC compte actuellement quatre principaux départements centraux : le département de l'organisation, chargé de superviser les nominations provinciales et d'examiner les cadres en vue de futures nominations, le département de la publicité (anciennement "département de la propagande"), qui supervise les médias et formule la ligne du parti à leur égard, le département international, qui fait office de "ministère des affaires étrangères" du parti auprès des autres partis, et le département du front uni, qui supervise le travail avec les partis non communistes du pays, les organisations de masse et les groupes d'influence à l'extérieur du pays. Le CC exerce également un contrôle direct sur le Bureau

45

central de recherche politique, qui est chargé d'étudier les questions présentant un intérêt significatif pour la direction du parti, sur l'École centrale du parti, qui assure la formation politique et l'endoctrinement idéologique à la pensée communiste des cadres supérieurs et des cadres en devenir, sur le Centre de recherche sur l'histoire du parti, qui fixe les priorités de la recherche scientifique dans les universités d'État et à l'École centrale du parti, et sur le Bureau de compilation et de traduction, qui étudie et traduit les œuvres classiques du marxisme. Le journal du parti, le *Quotidien du peuple, est sous le* contrôle direct du Comité central et est publié dans le but de "raconter de bonnes histoires sur la Chine et le (Parti)" et de promouvoir le chef du parti. Les magazines théoriques *Seeking Truth from Facts* et *Study Times* sont publiés par l'École centrale du parti. Le China Media Group, qui chapeaute la China Central Television (CCTV), la China National Radio (CNR) et la China Radio International (CRI), est sous le contrôle direct du département de la publicité. Les différents bureaux des "groupes directeurs centraux", tels que le bureau des affaires de Hong Kong et de Macao, le bureau des affaires de Taïwan et le bureau central des finances, rendent également compte au comité central lors d'une session plénière. En outre, le PCC exerce un contrôle exclusif sur l'Armée populaire de libération (APL) par l'intermédiaire de sa Commission militaire centrale.

Organisations de niveau inférieur

Après s'être emparé du pouvoir politique, le PCC a étendu le système de commandement dual du parti et de l'État à toutes les institutions gouvernementales, organisations sociales et entités économiques. Le Conseil d'État et la Cour suprême disposent chacun d'un groupe du parti, établi depuis novembre 1949. Les comités du parti sont présents dans tous les organes administratifs de l'État, ainsi que dans les conférences de consultation du peuple et les organisations de masse à tous les niveaux. Inspiré du système de la Nomenklatura soviétique, le département d'organisation du comité du parti à chaque niveau a le pouvoir de recruter, de former, de contrôler, de nommer et de déplacer ces fonctionnaires.

Les comités du parti existent au niveau des provinces, des villes, des comtés et des quartiers. Ces comités jouent un rôle clé dans l'orientation de la politique locale en sélectionnant les dirigeants locaux et en assignant des tâches essentielles. Le secrétaire du parti à chaque niveau est plus haut placé que le chef du gouvernement, le comité permanent du PCC étant la principale source de pouvoir. Les membres du comité du parti à chaque niveau sont sélectionnés par les dirigeants du niveau supérieur, les dirigeants provinciaux étant sélectionnés par le département central de l'organisation et ne pouvant être révoqués par le secrétaire local du parti.

En théorie, cependant, les comités de parti sont élus par les congrès de parti à leur propre niveau. Les congrès locaux du parti sont censés se tenir tous les cinq ans, mais dans des circonstances extraordinaires, ils peuvent se tenir plus tôt ou être reportés. Toutefois, cette décision doit être approuvée par le niveau supérieur du comité local du parti. Le nombre de délégués et les procédures d'élection sont décidés par le comité local du parti, mais doivent également être approuvés par le comité supérieur du parti.

Un congrès local du parti a en grande partie les mêmes fonctions que le congrès national et il est chargé d'examiner le rapport du comité local du PCC au niveau correspondant, d'examiner le rapport de la commission locale d'inspection de la discipline au niveau correspondant, de discuter et d'adopter des résolutions sur des questions importantes dans la région concernée et d'élire le comité local du parti et la commission locale d'inspection de la discipline au niveau correspondant. Les comités du parti "d'une province, d'une région autonome, d'une municipalité relevant directement du gouvernement central, d'une ville divisée en districts ou d'une préfecture autonome [sont] élus pour un mandat de cinq ans" et comprennent des membres titulaires et des membres suppléants. Les comités du parti "d'un comté (bannière), d'un comté autonome, d'une ville non divisée en districts ou d'un district municipal [sont] élus pour un mandat de cinq ans", mais les membres titulaires et suppléants "doivent être membres du parti depuis au moins trois ans". Si un congrès local du parti se tient avant ou après la date indiquée, le mandat des membres du comité du parti est raccourci ou allongé en conséquence.

Les postes vacants au sein du comité du parti sont pourvus par des membres suppléants selon l'ordre de préséance, qui est déterminé par le nombre de voix qu'un membre suppléant a obtenu lors de son élection. Un comité de parti doit se réunir au moins deux fois par an en session plénière. Pendant son mandat, le comité du parti

49

doit "appliquer les directives des organisations supérieures du parti et les résolutions des congrès du parti aux niveaux correspondants". Le comité permanent local (analogue au Politburo central) est élu lors du premier plénum du comité du parti correspondant après le congrès du parti local. Un comité permanent est responsable devant le comité du parti du niveau correspondant et le comité du parti du niveau supérieur. Un comité permanent exerce les fonctions et les responsabilités du comité du parti correspondant lorsque celui-ci n'est pas en session.

Les comités du PCC existent au sein des entreprises, qu'elles soient privées ou publiques. Une entreprise qui compte plus de trois membres du parti est légalement tenue d'établir un comité ou une branche.[227] En 2021, plus de la moitié des entreprises privées chinoises disposeront de telles organisations.[225] Ces branches constituent des lieux de socialisation pour les nouveaux membres et accueillent des événements destinés à remonter le moral des membres existants.[14] Elles fournissent également des mécanismes qui aident les dirigeants d'entreprises privées à s'informer sur les politiques gouvernementales relatives à leurs domaines d'activité.[225-226] En moyenne, la rentabilité des entreprises privées dotées d'une branche du PCC est supérieure de 12,6 % à la rentabilité des entreprises privées.[230]

Au sein des entreprises publiques, ces branches sont des organes de direction qui prennent des décisions importantes et inculquent l'idéologie du PCC aux employés.[15]

Les comités de parti ou les branches au sein des entreprises offrent également divers avantages aux employés.[228–229] Il peut s'agir de primes, de prêts sans intérêt, de programmes de mentorat, de services médicaux gratuits et d'autres services pour ceux qui en ont besoin.[228–229] Les entreprises qui ont des sections de parti offrent généralement des avantages plus étendus aux employés dans les domaines de la retraite, des soins médicaux, du chômage, des blessures, de la naissance et de la fécondité.[229]

Financement

Le financement de toutes les organisations du PCC provient principalement des recettes fiscales de l'État. Les données relatives à la proportion des dépenses totales des organisations du PCC par rapport aux recettes fiscales
51

totales de la Chine ne sont pas disponibles. Cependant, il arrive que de petits gouvernements locaux en Chine publient de telles données. Par exemple, le 10 octobre 2016, le gouvernement local du canton de Mengmao, de la ville de Ruili, dans la province du Yunnan, a publié un rapport concis sur les recettes et les dépenses fiscales pour l'année 2014. Selon ce rapport, les recettes fiscales s'élevaient à 29 498 933,58 RMB, et les dépenses des organisations du PCC à 1 660 115,50 RMB, c'est-à-dire que 5,63 % des recettes fiscales sont utilisées par le PCC pour son propre fonctionnement. Cette valeur est similaire aux dépenses de sécurité sociale et d'emploi de l'ensemble de la ville, soit 1 683 064,90 RMB.

Membres du PCC

Le PCC comptait 96,71 millions de membres à la fin de l'année 2021. Il s'agit du deuxième plus grand parti politique au monde après le Bharatiya Janata Party indien.

Pour adhérer au PCC, un candidat doit passer par une procédure d'approbation.[53-56] Les adultes peuvent déposer une demande d'adhésion auprès de leur section locale du parti.[53] Une procédure de présélection, semblable à une vérification des antécédents, s'ensuit.[53] Ensuite, les membres du parti établis dans la section locale examinent le comportement et les attitudes politiques des candidats et peuvent faire une demande officielle auprès d'une section du parti proche de la résidence des parents du candidat pour vérifier la loyauté de la famille envers le communisme et le parti.[53] En 2014, seules 2 millions de demandes ont été acceptées sur quelque 22 millions de candidats. Les membres admis passent ensuite un an en tant que membres en probation. Les membres en probation sont généralement acceptés au sein du parti.[55]

53

Contrairement au passé, où l'accent était mis sur les critères idéologiques des candidats, le PCC actuel met l'accent sur les qualifications techniques et éducatives. Pour devenir membre stagiaire, le candidat doit prêter serment d'admission devant le drapeau du parti. L'organisation compétente du PCC est chargée d'observer et d'éduquer les membres en probation. Les membres stagiaires ont des devoirs similaires à ceux des membres à part entière, à l'exception du fait qu'ils ne peuvent pas voter aux élections du parti ni se présenter aux élections. Nombre d'entre eux adhèrent au PCC par l'intermédiaire de la Ligue de la jeunesse communiste. Sous Jiang Zemin, les entrepreneurs privés ont été autorisés à devenir membres du parti. Selon la constitution du PCC, un membre doit suivre les ordres, être discipliné, maintenir l'unité, servir le Parti et le peuple et promouvoir le mode de vie socialiste. Les membres jouissent du privilège d'assister aux réunions du Parti, de lire les documents pertinents du Parti, de recevoir l'éducation du Parti, de participer aux discussions du Parti par le biais des journaux et revues du Parti, de faire des suggestions et des propositions, de formuler des "critiques fondées à l'égard de toute organisation du Parti ou de tout membre du Parti lors des réunions du Parti" (même à l'égard de la direction centrale du Parti), de voter et de se présenter aux élections, de s'opposer aux résolutions du Parti et de les critiquer ("à condition qu'ils appliquent résolument la résolution ou la politique pendant qu'elle est en vigueur") ; et ils ont la capacité "de présenter toute demande, appel ou plainte aux organisations supérieures du Parti, même jusqu'au Comité central, et de demander aux organisations concernées une réponse responsable." Aucune organisation du parti, y compris la direction centrale du PCC, ne peut priver un membre de ces droits.

Au 30 juin 2016, les personnes s'identifiant comme agriculteurs, éleveurs et pêcheurs représentaient 26 millions de membres ; les membres s'identifiant comme travailleurs étaient au nombre de 7,2 millions. Un autre groupe, le "personnel de direction, professionnel et technique des entreprises et des institutions publiques", comptait 12,5 millions de membres, 9 millions s'identifiaient comme travaillant dans le personnel administratif et 7,4 millions se décrivaient comme des cadres du parti.

En 2021, les membres du PCC étaient plus instruits, plus jeunes et moins ouvriers qu'auparavant. En 2022, environ

55

30 à 35 % des entrepreneurs chinois sont ou ont été membres du parti.[13]

28,43 millions de femmes sont membres du PCC (moins d'un tiers du parti). En Chine, les femmes ont un faible taux de participation en tant que dirigeantes politiques. Le désavantage des femmes se manifeste surtout par leur grave sous-représentation aux postes politiques les plus importants. Au plus haut niveau de la prise de décision, aucune femme n'a jamais fait partie des neuf membres du comité permanent du Politburo du parti communiste. Seules 3 des 27 ministres du gouvernement sont des femmes et, surtout, depuis 1997, la Chine est passée de la 16e à la 53e place mondiale en termes de représentation féminine au sein de son parlement, le Congrès national du peuple, selon l'Union interparlementaire. Les dirigeants du PCC, tels que Zhao Ziyang, se sont vigoureusement opposés à la participation des femmes au processus politique. Au sein du parti, les femmes se heurtent à un plafond de verre.

Ligue de la jeunesse communiste

La Ligue de la jeunesse communiste (LJC) est l'aile jeunesse du PCC et la plus grande organisation de masse pour la jeunesse en Chine. Selon la constitution du PCC, la LJC est une "organisation de masse de jeunes gens avancés sous la direction du Parti communiste chinois ; elle fonctionne comme une école du parti où un grand nombre de jeunes gens apprennent le socialisme aux caractéristiques chinoises et le communisme par la pratique ; elle est la force d'assistance et de réserve du parti". Pour y adhérer, il faut être âgé de 14 à 28 ans. Elle contrôle et supervise les Jeunes Pionniers, une organisation de jeunesse pour les enfants de moins de 14 ans. La structure organisationnelle de la CYL est une copie exacte de celle du PCC ; l'organe suprême est le Congrès national, suivi du Comité central, du Politburo et du Comité permanent du Politburo. Toutefois, le comité central (et tous les organes centraux) du CYL travaillent sous la direction de la direction centrale du PCC. Par conséquent, dans une situation particulière, les organes de la CYL sont à la fois responsables devant les organes supérieurs de la CYL et devant le PCC, une organisation distincte. Lors du 17e congrès national (tenu en 2013), le CYL comptait 89 millions de membres.

57

Symboles du PCC

Au début de son histoire, le PCC ne disposait pas d'une norme officielle unique pour le drapeau, mais autorisait les différents comités du parti à copier le drapeau du parti communiste de l'Union soviétique. Le Politburo central a décrété l'établissement d'un drapeau officiel unique le 28 avril 1942 : "Le drapeau du PCC a un rapport longueur/largeur de 3:2, avec une faucille et un marteau dans le coin supérieur gauche, et sans étoile à cinq branches. Le Bureau politique autorise le Bureau général à fabriquer sur mesure un certain nombre de drapeaux standard et à les distribuer à tous les organes principaux".

Selon le *Quotidien du Peuple*, "le drapeau standard du parti mesure 120 centimètres (cm) de long et 80 cm de large. Au centre du coin supérieur gauche (un quart de la longueur et de la largeur jusqu'à la bordure) se trouve un marteau et une faucille jaunes de 30 cm de diamètre. Le manchon du drapeau (l'ourlet du mât) est blanc et mesure 6,5 cm de large. La dimension de l'ourlet du mât n'est pas comprise dans la mesure du drapeau. La couleur rouge symbolise la révolution ; le marteau et la faucille sont des outils d'ouvriers et de paysans, ce qui signifie que le Parti communiste chinois représente les intérêts des masses et du peuple ; la couleur jaune signifie la luminosité". Au total, le drapeau a cinq dimensions, à savoir : "n° 1 : 388 cm de longueur et 192 cm de largeur ; n° 2 : 240 cm de longueur et 160 cm de largeur ; n° 3 : 192 cm de longueur et 128 cm de largeur ; n° 4 : 144 cm de longueur et 96 cm de largeur ; n° 5 : 96 cm de longueur et 64 cm de largeur".

Le 21 septembre 1966, le bureau général du PCC a publié le "Règlement sur la production et l'utilisation du drapeau et de l'emblème du PCC", qui stipule que l'emblème et le drapeau sont les symboles et les signes officiels du parti. L'article 53 de la constitution du PCC stipule que "l'emblème et le drapeau du Parti sont le symbole et le signe du Parti communiste chinois".

Factions

L'existence de factions en Chine n'est pas controversée. Edgar Snow rapporte l'opinion des hauts dirigeants communistes sur les factions au début des années 1930 (pp. 169, 176, 359). William Whitson suppose que la direction militaire du parti reconnaissait l'existence de factions "basées sur des liens historiques de confiance et de sécurité mutuelle" (p. 514) et s'en servait pour déterminer les affectations. Il pense que les factions se limitaient aux niveaux les plus élevés et ne s'étendaient pas nécessairement aux échelons inférieurs. Pendant la révolution culturelle, cependant, les factions étaient à la fois verticales et répandues.

Parmi les traits communs susceptibles de favoriser le développement de la loyauté factionnelle figurent l'origine provinciale (langue, dialecte, cuisine), l'expérience historique partagée (la Longue Marche, par exemple) et le combat. Lucian Pye considère les factions comme "des relations personnelles et particulières qui garantissent que l'on ne fait pas simplement partie du troupeau commun, mais que l'on a des liens spéciaux avec les supérieurs et les inférieurs" (p. N14). Lowell Dittmer et al. notent l'existence de factions dans toute la politique de l'Asie de l'Est. Au sein du parti communiste chinois, les purges des années 1950, 1960 et 1970 confirment l'idée que les dirigeants chinois connaissaient et manipulaient les factions. Les généraux He Long et Peng Dehuai ont vu leurs partisans mis à l'écart avant la GPCR, tout comme la partie du parti dirigée par Liu Shaoqi dans les années 1960. Après la mort de Mao Zedong (septembre 1976), la

Bande des Quatre a été purgée par un alignement de factions dirigées par de vieux soldats, des commissaires politiques, des anciens du parti et des bureaucrates.

- La bande des quatre
- Nouvelle armée de Zhijiang
- Les anneaux princiers
- La clique de Tsinghua
- La clique de Shanghai
- Tuanpai
- Société Xishan

Relations entre les partis

Le département de liaison internationale du PCC est responsable du dialogue avec les partis politiques internationaux.

Partis communistes

Le PCC continue d'entretenir des relations avec les partis communistes et ouvriers non dirigeants et participe à des conférences communistes internationales, notamment à la réunion internationale des partis communistes et ouvriers. Si le PCC entretient des contacts avec des partis importants tels que le parti communiste du Portugal, le parti communiste de France, le parti communiste de la Fédération de Russie, le parti communiste de Bohême et de Moravie, le parti communiste du Brésil, le parti communiste de Grèce, le parti communiste du Népal et le parti communiste d'Espagne, il entretient également des relations avec des partis communistes et ouvriers de moindre importance, comme le Parti communiste d'Australie, le Parti des travailleurs du Bangladesh, le Parti communiste du Bangladesh (marxiste-léniniste) (Barua), le Parti communiste du Sri Lanka, le Parti des travailleurs de

Belgique, le Parti des travailleurs hongrois, le Parti des travailleurs dominicains, le Parti des travailleurs-paysans du Népal et le Parti de la transformation du Honduras, par exemple. Ces dernières années, constatant l'auto-réforme du mouvement social-démocrate européen dans les années 1980 et 1990, le PCC "a noté la marginalisation croissante des partis communistes d'Europe de l'Ouest".

Partis au pouvoir dans les États socialistes

Le PCC a maintenu des relations étroites avec les partis au pouvoir des États socialistes qui épousent encore le communisme : Cuba, Laos, Corée du Nord et Vietnam. Il consacre une bonne partie de son temps à l'analyse de la situation dans les États socialistes restants, essayant de tirer des conclusions sur les raisons pour lesquelles ces États ont survécu alors que tant d'autres n'ont pas survécu, après l'effondrement des États socialistes d'Europe de l'Est en 1989 et la dissolution de l'Union soviétique en 1991. En général, les analyses des États socialistes restants et de leurs chances de survie ont été positives, et le PCC pense que le mouvement socialiste sera revitalisé un jour ou l'autre.

Le parti au pouvoir auquel le PCC s'intéresse le plus est le Parti communiste vietnamien (PCV). En général, le PCV est considéré comme un exemple de développement socialiste dans l'ère post-soviétique. Les analystes chinois du Viêt Nam estiment que l'introduction de la politique de réforme du Doi Moi lors du 6e congrès national du PCV est la principale raison du succès actuel du Viêt Nam.

Alors que le PCC est probablement l'organisation qui a le plus accès à la Corée du Nord, les écrits sur la Corée du Nord sont très limités. Les rares rapports accessibles au grand public concernent les réformes économiques nord-coréennes. Alors que les analystes chinois de la Corée du Nord ont tendance à parler positivement de la Corée du Nord en public, dans les discussions officielles vers 2008, ils montrent beaucoup de mépris pour le système économique de la Corée du Nord, le culte de la personnalité qui imprègne la société, la famille Kim, l'idée d'une succession héréditaire dans un État socialiste, l'État sécuritaire, l'utilisation de ressources rares pour l'armée populaire coréenne et l'appauvrissement général de la population nord-coréenne. Vers 2008, certains analystes comparent la situation actuelle de la Corée du Nord à celle de la Chine pendant la révolution culturelle. Au fil des ans,

65

le PCC a tenté de persuader le Parti du travail de Corée
(ou WPK, le parti au pouvoir en Corée du Nord)
d'introduire des réformes économiques en lui montrant des
infrastructures économiques clés en Chine. Ainsi, en 2006,
le PCC a invité Kim Jong-il, alors secrétaire général du
Parti du travail de Corée, à se rendre dans la province de
Guangdong pour lui montrer le succès que les réformes
économiques avaient apporté à la Chine. En général, le
PCC considère le WPK et la Corée du Nord comme des
exemples négatifs d'un parti communiste au pouvoir et
d'un État socialiste.

Au sein du PCC, l'intérêt pour Cuba est considérable. Fidel
Castro, l'ancien premier secrétaire du Parti communiste de
Cuba (PCC), est très admiré et des livres ont été écrits sur
les succès de la révolution cubaine. La communication
entre le PCC et le PCC s'est accrue depuis les années
1990. Lors de la 4e session plénière du 16e comité
central, qui a discuté de la possibilité pour le PCC de tirer
des enseignements d'autres partis au pouvoir, le PCC a
fait l'objet d'éloges. Lorsque Wu Guanzheng, membre du
Politburo central, a rencontré Fidel Castro en 2007, il lui a
remis une lettre personnelle écrite par Hu Jintao : "Les
faits ont montré que la Chine et Cuba sont de bons amis,

de bons camarades et de bons frères dignes de confiance qui se traitent mutuellement avec sincérité. L'amitié entre les deux pays a résisté à l'épreuve d'une situation internationale changeante, et l'amitié s'est encore renforcée et consolidée".

Partis non communistes

Depuis le déclin et la chute du communisme en Europe de l'Est, le PCC a commencé à établir des relations de parti à parti avec des partis non communistes. Ces relations sont recherchées afin que le PCC puisse en tirer des enseignements. Par exemple, le PCC est désireux de comprendre comment le Parti d'action populaire de Singapour (PAP) maintient sa domination totale sur la politique singapourienne grâce à sa "présence discrète, mais son contrôle total". Selon la propre analyse du PCC sur Singapour, la domination du PAP peut s'expliquer par son "réseau social bien développé, qui contrôle efficacement les circonscriptions en étendant ses tentacules profondément dans la société par le biais des branches du gouvernement et des groupes contrôlés par le parti". Si le PCC reconnaît que Singapour est une démocratie libérale, il la considère comme une démocratie

67

dirigée par le PAP. Les autres différences sont, selon le PCC, "qu'il ne s'agit pas d'un parti politique basé sur la classe ouvrière, mais d'un parti politique de l'élite. ... C'est également un parti politique du système parlementaire, et non un parti révolutionnaire". Les autres partis que le PCC étudie et avec lesquels il entretient des relations étroites de parti à parti sont l'Organisation nationale des Malais unis, qui a dirigé la Malaisie (1957-2018, 2020-2022), et le Parti libéral-démocrate du Japon, qui domine la politique japonaise depuis 1955.

Depuis l'époque de Jiang Zemin, le PCC a fait des ouvertures amicales à son ancien ennemi, le Kuomintang. Le PCC met l'accent sur de solides relations de parti à parti avec le KMT afin de renforcer la probabilité d'une réunification de Taïwan avec la Chine continentale. Cependant, plusieurs études ont été consacrées à la perte de pouvoir du KMT en 2000, après avoir dirigé Taïwan depuis 1949 (le KMT a officiellement dirigé la Chine continentale de 1928 à 1949). En général, les États à parti unique ou à parti dominant présentent un intérêt particulier pour le parti et des relations de parti à parti sont établies afin que le PCC puisse les étudier. La longévité de la branche régionale syrienne du parti Baas arabe socialiste est attribuée à la personnalisation du pouvoir dans la famille al-Assad, au système présidentiel fort, à l'héritage du pouvoir, qui est passé de Hafez al-Assad à son fils Bachar al-Assad, et au rôle donné à l'armée syrienne dans la politique.

Depuis 2008, le PCC s'intéresse particulièrement à l'Amérique latine, comme le montre le nombre croissant de délégués envoyés et reçus dans ces pays. Le PCC est particulièrement fasciné par les 71 ans de règne du Parti révolutionnaire institutionnel (PRI) au Mexique. Alors que le PCC attribue le long règne du PRI au système présidentiel fort, à l'exploitation de la culture machiste du pays, à sa position nationaliste, à son identification étroite avec la population rurale et à la mise en œuvre de la nationalisation parallèlement à la commercialisation de l'économie, le PCC conclut que le PRI a échoué en raison du manque de démocratie au sein du parti, de sa poursuite de la démocratie sociale, de ses structures de parti rigides qui ne pouvaient pas être réformées, de sa corruption politique, de la pression de la mondialisation et de l'ingérence des États-Unis dans la politique mexicaine. Bien que le PCC ait été lent à reconnaître la vague rose en Amérique latine, il a renforcé les relations de parti à parti avec plusieurs partis politiques socialistes et anti-américains au fil des ans. Le PCC a parfois exprimé une certaine irritation face à la rhétorique anticapitaliste et anti-américaine d'Hugo Chávez. Malgré cela, le PCC a conclu un accord en 2013 avec le Parti socialiste uni du Venezuela (PSUV), fondé par Chávez, pour que le PCC forme les cadres du PSUV dans les domaines politique et social. En 2008, le PCC affirmait avoir établi des relations avec 99 partis politiques dans 29 pays d'Amérique latine.

Les mouvements sociaux-démocrates en Europe ont suscité un grand intérêt de la part du PCC depuis le début des années 1980. À l'exception d'une courte période au cours de laquelle le PCC a noué des relations de parti à parti avec des partis d'extrême droite dans les années 1970 afin de mettre un terme à "l'expansionnisme soviétique", les relations du PCC avec les partis sociaux-démocrates européens ont constitué ses premiers efforts sérieux pour établir des relations cordiales de parti à parti avec des partis non communistes. Le PCC attribue aux sociaux-démocrates européens la création d'un "capitalisme à visage humain". Avant les années 1980, le PCC avait une vision très négative et méprisante de la social-démocratie, qui remontait à la Deuxième

Internationale et à la vision marxiste-léniniste du mouvement social-démocrate. Dans les années 1980, ce point de vue a changé et le PCC a conclu qu'il pouvait en fait apprendre quelque chose du mouvement social-démocrate. Des délégués du PCC ont été envoyés dans toute l'Europe pour observer le mouvement. Dans les années 1980, la plupart des partis sociaux-démocrates européens étaient en déclin électoral et en période d'auto-réforme. Le PCC a suivi cette évolution avec grand intérêt, en accordant la plus grande importance aux efforts de réforme du parti travailliste britannique et du parti social-démocrate allemand. Le PCC a conclu que les deux partis avaient été réélus parce qu'ils s'étaient modernisés, en remplaçant les principes traditionnels du socialisme d'État par de nouveaux principes soutenant la privatisation, en abandonnant la croyance en un grand gouvernement, en concevant une nouvelle vision de l'État-providence, en changeant leur vision négative du marché et en passant de leur base traditionnelle de soutien des syndicats aux entrepreneurs, aux jeunes et aux étudiants.

1921
2021
庆祝中国共产党成立100周年
The 100th Anniversary of the Founding of
The Communist party of China
福鼎市税务局党委　桐城街道富民社区党委